Wok

AUTORIN: TANJA DUSY | FOTOS: JÖRN RYNIO

Praxistipps

Extra

Rezepte

8 Gemüse & Vegetarisches

24 Fisch & Meeresfrüchte

36 Fleisch & Geflügel

Der flotte Asiate

Ein Topf für alle Fälle

Die kugelig runde Pfanne mit Henkeln oder Griff finden Sie in vielen Ländern Asiens – von China über Indonesien und Thailand bis Indien. Überall dort ist der Wok das Allround-Küchengerät schlechthin. In ihm wird gebraten, frittiert, gedämpft und geschmort. Meist direkt auf offener Flamme, die extreme Hitze liefert.

Speziell dieses schnelle Rührbraten bei hoher Temperatur macht ihn auch hierzulande so beliebt: Denn so garen unterschiedlichste Lebensmittel vitaminschonend in kürzester Zeit. Und mit all den herrlichen Zutaten der fernöstlichen Küche lassen sich dabei immer wieder überraschend vielfältige Gerichte zaubern. Das beweisen unsere Rezepte auf abwechslungsreiche Art.

Wer will, wird auch selbst kreativ: Braten lässt sich im Wok an Fleisch oder Gemüse fast alles, was eine kurze Garzeit hat. Fragen Sie z. B. beim Metzger, was er zum Kurzbraten im Angebot hat. Gemüse mit längeren Garzeiten wie z. B. Bohnen oder Brokkoli können Sie 1–3 Min. in kochendem Salzwasser vorgaren. Und wenn es ganz schnell gehen soll, passt auch mal ein Asia-Mix-Gemüse aus der Tiefkühltruhe.

Dinner für zwei – und mehr

Der Wok ist ideal für kleine Haushalte, für mehr als zwei Personen aber kaum geeignet. Denn wenn Sie zu große Mengen auf einmal in den Wok geben, sinkt die Temperatur vorübergehend ab. Die Folge: Der Garprozess wird verzögert und die Zutaten, vor allem Fleisch, ziehen zu viel Saft.

Wer also Gäste mit dem Wok bewirten möchte, sollte es wie in Asien machen: Mehrere Gerichte mit möglichst unterschiedlichen Aromen kombinieren und gemeinsam auf den Tisch stellen. So kann jeder nehmen, was er möchte. Oder am besten gleich alles probieren.

Gut zu wissen: Fertige Wok-Gerichte lassen sich vor dem Servieren kurzzeitig – abgedeckt in einer Schüssel – im Backofen bei ca. 60° warm halten.

Das schmeckt dazu

Reichen Sie zu Spezialitäten aus dem Wok am besten Reis als Beilage. Zu vielen Gerichten passen auch asiatische Nudeln sehr gut.

Als Getränk ist Wasser, Jasmin- oder grüner Tee, Bier oder ein nicht zu trockener, fruchtig-frischer Weißwein ideal.

Die Klassiker Beim Edelstahlwok (im Bild unten) sorgt der superstark leitende Thermikboden für gleichmäßige Hitzeverteilung bis zum Rand. Zu den gängigsten Woktypen zählt auch der schwere, stabile Gusseisen-Wok (im Bild Mitte). Er muss von Zeit zu Zeit eingeölt werden, damit er nicht rostet. Inzwischen gibt es auch emaillierte Exemplare. Blitzschnell heiß wird der Wok aus Aluguss (im Bild oben). Seine Antihaftversiegelung ist ideal für empfindliche, zarte Zutaten wie Fisch oder Nudeln.

Die Klassiker

Für Einsteiger

Für Einsteiger Praktisch und vielseitig sind Wokpfannen, die es antihaftversiegelt aus leichtem Aluminium, beschichtetem Aluguss oder Edelstahl gibt. Sie lassen sich an dem handlichen Griff gut festhalten und haben hohe Wände. So können Sie darin prima rühren, ohne dass etwas über den Rand hüpft.

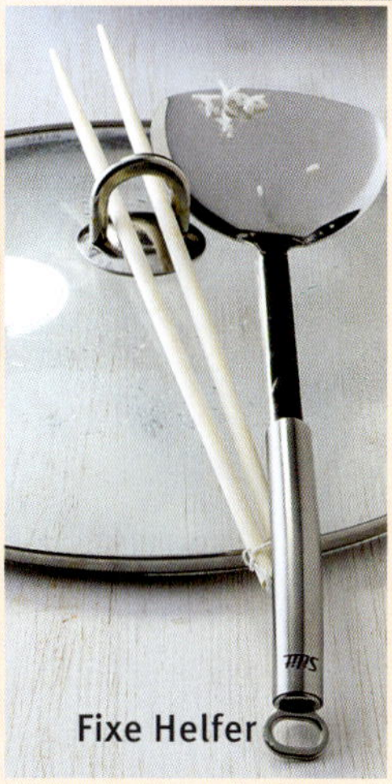
Fixe Helfer

Fixe Helfer Nicht klassisch asiatisch, aber praktisch zum kurzen schnellen Schmoren: ein passender Glasdeckel, der Hitze gut speichert. Zum Rühren nehmen Sie am besten eine Bratschaufel mit runder Kante, mit der sich Zutaten gut fassen und wenden lassen. Profis rühren Zutaten auch mit Wokstäbchen.

Kleine Wok-Schule

Wokken geht blitzschnell und ist dazu noch supereinfach. Beherzigen Sie nur ein paar winzige Grundregeln, frei nach der Devise: Gut vorbereitet ist halb gewokkt!

Gut in Form Bevor Sie den Wok anheizen, stellen Sie alle Zutaten bereit. Dann kann später keine Hektik aufkommen. Fleisch schneiden und eventuell marinieren. Gemüse je nach Sorte in feine oder dickere Streifen oder Stifte schneiden: je härter das Gemüse, desto feiner die Streifen. Auch kleine Würfel oder schräg geschnittene Scheiben sind gut. Gemüsesorten auf ein Brett häufeln oder in Schälchen füllen. Würzzutaten ebenfalls bereitstellen, Würzmischungen schon vorbereiten.

Heiß! Den leeren Wok immer erst richtig heiß werden lassen. D. h. den Wok auf dem Herd bei größter Garstufe aufheizen. Wer unsicher ist, macht die Probe: 2–3 Tropfen Wasser hineintröpfeln – wenn sie zischend verdampfen, hat der Wok die richtige Temperatur. Erst dann folgen Öl oder andere Zutaten. Achtung: Antihaftversiegelte Woks nur leicht erhitzen!

Das richtige Öl Ist der Wok heiß, Öl zugeben und ebenfalls erhitzen. Nehmen Sie nur geschmacksneutrale Sorten, die große Hitze vertragen, wie z. B. Erdnuss-, Soja-, Raps- oder Sonnenblumenöl. Kaltgepresstes Öl passt zwar prima zum Salat, ist zum Wokken aber nicht geeignet. Raucht das Öl? Dann haben Sie entweder das falsche verwendet oder es vielleicht auch einfach überhitzt. Erste Hilfe: Wok vom Herd nehmen und abkühlen lassen.

Rührend! Die Zutaten nacheinander in den Wok geben: die mit der längsten Garzeit zuerst, die mit der kürzesten am Schluss. Ganz wichtig dabei: ständig rühren. So brennt nichts an, die Zutaten werden blitzschnell gar. Profis schieben bereits gegarte Fleisch-, Fisch- oder Gemüsestückchen an den Rand. Und rühren die jeweils neu zugegebenen Zutaten munter weiter. Wer damit nicht so gut zurechtkommt, kann auch bereits Angebratenes in ein Schälchen umfüllen und später wieder dazugeben.

Feuerwehr Kocht die Sauce mal zu sehr ein? Droht das Gemüse vorzeitig anzubrennen? Stellen Sie immer ein Schälchen Wasser oder noch besser Brühe neben den Herd. 1–3 Löffel davon schnell in den Wok geben. Das hilft, Brandgefahr rechtzeitig zu bannen. Für Brühe einfach etwas Instant-Brühe mit heißem Wasser anrühren. Oder fertigen Fond aus dem Glas nehmen. Den gibt es sogar in asiatischer Würzvariante.

Augenschmaus Ist das Wokgericht fertig, heißt es, schnell und heiß auf den Tisch damit! Noch besser schmeckt es mit frischer Deko. Ideal zum Drüberstreuen für fast alle fernöstlich angehauchten Gerichte: dünne Lauchzwiebelringe, Schnittknoblauch in breiten Röllchen (gibt's im Asienladen), gehacktes Koriandergrün, einige Blättchen Thai-Basilikum oder aber Sesamsamen (auch schwarze), gehackte geröstete Erdnüsse oder Cashewnüsse.

Gemüse & Vegetarisches

Ich liebe Gemüse aus dem Wok. Weil beim schnellen Rührbraten viele Vitamine und alles, was sonst noch Gutes im Gemüse steckt, erhalten bleiben. Und weil meiner Gemüselust beim Wokken keine Grenzen gesetzt sind: je bunter, desto besser. Lassen Sie sich inspirieren! Mein Lieblings-Mix darf variiert werden – ganz nach Ihrem Geschmack.

Buntes Wokgemüse

600 g gemischtes Gemüse (z. B. Möhren, Fenchel, Lauch, Champignons, Spinat)
2 Frühlingszwiebeln
4 EL geröstete, gesalzene Erdnüsse
1 Knoblauchzehe
½ TL Speisestärke
3 EL Sojasauce
2 EL Mirin (süßer Reiswein)
2–3 EL Sweet-Chili-Sauce
100 ml Gemüsebrühe
3 EL Öl

Für 2 Personen | 25 Min. Zubereitung
Pro Portion ca. 320 kcal, 12 g EW, 23 g F, 13 g KH

1 Das Gemüse waschen und putzen. Härteres Gemüse in feinere, zarteres in dickere Streifen oder Scheibchen schneiden. Frühlingszwiebeln waschen, putzen und in feine Ringe schneiden, Erdnüsse hacken, beides mischen. Knoblauch schälen und hacken.

2 Stärke gut mit Sojasauce verrühren und mit Mirin, Sweet-Chili-Sauce und Brühe mischen. Erst den Wok, dann das Öl erhitzen. Darin zuerst die härteren Gemüsesorten wie Fenchel oder Möhren 2–3 Min. rührbraten. Dann zartere Sorten wie Lauch und Pilze mit dem Knoblauch zugeben und 1–2 Min. braten. Am Ende empfindliche Gemüse wie Spinat unterrühren, Sauce angießen und alles ca. 3 Min. unter gelegentlichem Rühren kochen lassen. Mit Zwiebel-Nuss-Mischung bestreuen und zu Reis servieren.

feurige Vielfalt

Indonesisches Nudel-Curry mit Tofu

In sämiger Sauce gekochte »Curry-Mee« liebt man in ganz Indonesien. Die Zutaten können dabei nach Lust und Marktangebot variieren.

2 Eier
150 g Mie-Nudeln
100 g Weißkohl
100 g grüne TK-Bohnen
80 g Mungbohnensprossen
150 g Tofu
Öl zum Braten und Frittieren
1 – 1½ EL gelbe Thai-Currypaste
1 TL gemahlener Koriander
250 ml Kokosmilch (aus der Dose)
1 EL Fischsauce
2 EL Ketjap manis

Für 2 Personen | 45 Min. Zubereitung
Pro Portion ca. 865 kcal, 29 g EW, 52 g F, 74 g KH

1 Die Eier in ca. 10 Min. hart kochen lassen, abschrecken und pellen. Nudeln nach Packungsanweisung in Wasser garen, in ein Sieb abgießen und abtropfen lassen. Den Weißkohl waschen, Strunk herausschneiden, die Blätter in feine Streifen schneiden. Die Bohnen antauen lassen und dritteln. Die Sprossen unter fließendem Wasser kalt abbrausen und abtropfen lassen.

2 Den Tofu in mundgerechte Würfel schneiden und trockentupfen. Das Öl ca. 2 cm hoch in den Wok gießen und heiß werden lassen. Tofu hineingeben und in ca. 1 Min. hellbraun frittieren, wenden und auf der anderen Seite ebenfalls frittieren. Herausnehmen und auf einem Küchenpapier abtropfen lassen.

3 Öl bis auf einen kleinen Rest abgießen und heiß werden lassen. Currypaste mit Koriander mischen, ins Öl geben und 1 Min. braten (gut rühren, damit die Paste nicht anbrennt). Kohl und angetaute Bohnen zugeben, 2 Min. weiter rühren. Kokosmilch dazugießen und 12–15 Min. zugedeckt bei kleiner Hitze köcheln lassen. Sprossen und Fischsauce zugeben, 1 Min. offen weiterköcheln lassen. Nudeln, Tofu und Ketjap manis unterrühren und warm werden lassen. Die Eier vierteln und auf dem Curry verteilen.

TIPP: CURRYPASTE AUS DER EIGENEN KÜCHE

Haben Sie Zeit und Lust zum Ausprobieren? Dann machen Sie Currypaste einmal selbst. Das Ergebnis ist meist aromatischer als das gekaufte Fertigprodukt. Und je nach Zutaten-Mix lassen sich immer wieder neue Geschmacksnuancen entdecken. Diese Mischung passt perfekt zum Nudel-Curry: 3 Schalotten und 2 Knoblauchzehen schälen und grob hacken. Den unteren Teil von 2–3 Stängeln Zitronengras längs halbieren und in feine Ringe schneiden. 1 Stück frischen Ingwer (ca. 2 cm) – oder noch besser frischen Galgant – schälen und hacken. Das Ganze mit ½ TL Garnelenpaste, ½ TL Kurkumapulver und 2 TL gemahlenem Koriander und 2–3 EL Wasser (falls die Paste sofort verwendet wird – soll sie länger halten, dieselbe Menge Öl verwenden) in der Küchenmaschine fein pürieren oder im Mörser zerstoßen. Für Schärfe zum Schluss 1 TL Sambal oelek unterrühren.

AUSTAUSCH-TIPP

Lust auf Fleisch im Nudel-Curry? Sehr gut schmeckt Hähnchenfilet, das in der Currypaste angebraten wird – statt oder zusätzlich zum Tofu.

schneller Snack

Indisches Gemüse-Rührei

4 Eier | Salz | 1 Knoblauchzehe | 3 Frühlingszwiebeln | 1 große Tomate | 1 grüne Paprikaschote | 1 grüne Chilischote | ½ Bund Koriandergrün | 1 EL Öl | je 1–2 Prisen Kurkumapulver, gemahlener Kreuzkümmel und Garam Masala

Für 2 Personen | 20 Min. Zubereitung
Pro Portion ca. 220 kcal, 14 g EW, 16 g F, 5 g KH

1 Die Eier mit Salz würzen und gut verquirlen. Knoblauch schälen, hacken. Gemüse waschen und putzen. Frühlingszwiebeln in feine Ringe schneiden, Tomate und Paprika fein würfeln. Chilischote halbieren, entkernen und hacken. Koriandergrün waschen, trocknen, Blätter und Stiele hacken.

2 Erst den Wok, dann das Öl erhitzen. Darin Zwiebeln und Knoblauch anbraten, Gemüse, Chilischote, Kräuter und Gewürze zugeben und 1–2 Min. unter Rühren mitbraten. Die Eier darüber gießen und mit dem Gemüse krümelig rühren, bis alles leicht gebräunt und fest ist. Mit Fladenbrot servieren.

macht was her

Japanischer Krümeltofu

150 g Tofu | 1 Nori-Algenblatt | 4 Shiitake-Pilze | 1 Möhre | 50 g Zuckerschoten | 3 EL Öl | 50 ml Gemüsebrühe | 1 TL Zucker | 1 EL helle Sojasauce | Salz | 1 Ei

Für 2 Personen | 20 Min. Zubereitung
Pro Portion ca. 300 kcal, 17 g EW, 20 g F, 32 g KH

1 Den Tofu grob zerschneiden. Algenblatt mit einer Schere in feine Streifen schneiden. Pilze waschen, Stiele entfernen, Möhre schälen, Zuckerschoten waschen und putzen. Das ganze Gemüse in möglichst dünne Stiftchen schneiden.

2 Erst den Wok, dann das Öl erhitzen. Darin das Gemüse 1 Min. unter Rühren braten. Tofu zugeben und 2 Min. mitbraten, dabei mit einem Holzlöffel zerbröckeln. Brühe, Zucker und Sojasauce zugeben. Alles salzen und schmoren, bis die Flüssigkeit fast verdunstet ist. Das Ei verquirlen, salzen und mit dem Tofu rührbraten, bis es gestockt ist. Mit Algen bestreut servieren.

indisch gewürzt | auch als Beilage

Masala-Kartoffeln

400 g kleine, fest kochende Kartoffeln | Salz | 2 Zwiebeln | 1 Knoblauchzehe | 5 EL Öl | 1 Lorbeerblatt | je ½ TL Kurkumapulver und gemahlener Kreuzkümmel | 1 TL Garam Masala | ¼ TL Chilipulver

Für 2 Personen
20 Min. Zubereitung | 2 Std. Kühlen
Pro Portion ca. 330 kcal, 5 g EW, 20 g F, 32 g KH

1 Kartoffeln waschen und in Salzwasser in 15–20 Min. gar kochen lassen, abgießen und 1–2 Std. auskühlen lassen.

2 Dann Zwiebeln und Knoblauch schälen, Zwiebeln in Ringe schneiden, Knoblauch hacken. Kartoffeln mit der Schale halbieren. Erst den Wok, dann das Öl erhitzen. Darin die Zwiebeln in 2–3 Min. hellbraun braten, Knoblauch, Lorbeer und alle Gewürze zugeben und gut verrühren. Kartoffeln untermischen, salzen und in 6–8 Min. bei kleiner Hitze unter gelegentlichem Rühren braun braten.

leckeres Resteessen

Gebratener Eier-Reis

2 Frühlingszwiebeln | 2 Eier | Salz | Pfeffer | 60 g kleine, braune Champignons | 2 El Öl | 60 g aufgetaute TK-Erbsen | 1 EL helle Sojasauce | 1 TL Reiswein | 400 g gegarter Reis (vom Vortag)

Für 2 Personen | 15 Min. Zubereitung
Pro Portion ca. 400 kcal, 13 g EW, 14 g F, 54 g KH

1 Frühlingszwiebeln waschen, putzen und in feine Ringe schneiden. Eier mit Salz und Pfeffer verquirlen. Champignons abreiben und vierteln.

2 Erst den Wok, dann das Öl erhitzen. Darin Pilze und Erbsen 3 Min. braten, mit Sojasauce und Reiswein ablöschen, herausnehmen. Das Ei ins verbliebene Öl geben und sofort verrühren. Reis zugeben und gut verrühren. Frühlingszwiebeln und Gemüse unterrühren, bis das Ei fest ist.

AUSTAUSCH-TIPP

Statt Champignons je 50 g gekochten Schinken oder geschälte, gegarte Garnelen zugeben.

gästefein

Grün gefüllte Tofu-Täschchen

Durch das Frittieren erhält Tofu nicht nur jede Menge Pep. Es bilden sich auch kleine Löcher, in die die aromatische Gemüsesauce gut einziehen kann.

1 rechteckiger Block Tofu (400 g)
6 getrocknete Shiitake-Pilze
1 getrocknete Chilischote
300 g Chinakohl
200 g Lauch
4 Frühlingszwiebeln
2 große Möhren
4 EL Sojasauce
2 EL Reiswein
1 Ei
Salz | Pfeffer
3/4 l Öl zum Braten und Frittieren
400 ml Gemüsebrühe (oder Asiafond aus dem Glas)
1 1/2 TL Speisestärke

Für 2–4 Personen | 50 Min. Zubereitung
Pro Portion ca. 290 kcal, 14 g EW, 16 g F, 21 g KH

1 Den Tofu gut trockentupfen und in 5–6 gleichmäßig dicke Scheiben schneiden. Die Pilze und die Chilischote mit kochend heißem Wasser überbrühen und ca. 15 Min. darin einweichen.

2 Inzwischen den Chinakohl waschen, putzen. Die Blätter quer in dünne Streifen schneiden, die Hälfte davon fein würfeln. Lauch putzen, längs halbieren, waschen und in ca. 5 cm lange, dünne Streifen schneiden. Die Hälfte davon ebenfalls fein würfeln. Frühlingszwiebeln putzen, waschen und in feine Ringe schneiden. Möhren schälen und schräg in dünne Scheiben schneiden.

3 Pilze und Chili abgießen, Stiele von den Pilzen entfernen. Pilze und Chili fein hacken. Mit den feinen Chinakohl- und Lauchwürfelchen, der Hälfte der Frühlingszwiebelringe, 2 EL Sojasauce, 1 EL Reiswein und dem Ei gründlich mischen (Bild 1). Mischung mit Salz und Pfeffer abschmecken.

4 Das Öl in den Wok geben und heiß werden lassen. Darin die Tofuscheiben in 2–3 Portionen hintereinander in 6–8 Min. goldgelb frittieren (Bild 2). Herausnehmen, auf Küchenpapier abtropfen und etwas abkühlen lassen. Jede Scheibe zu einer Tasche aufschneiden. Mit einem Teelöffel so viel von der Gemüse-Ei-Mischung wie möglich hineinfüllen. (Sollte noch Füllung übrig bleiben, diese später zum Gemüse geben).

5 Das Öl bis auf einen kleinen Rest aus dem Wok abgießen und heiß werden lassen. Darin die Möhren 2 Min. anbraten. Übrige Frühlingszwiebeln, Lauch- und Chinakohlstreifen 30 Sek. unter Rühren mitbraten. Brühe dazugießen. Stärke mit übriger Sojasauce und Reiswein verrühren und ebenfalls unterrühren. Alles pfeffern. Sollte noch Füllung übrig sein, diese ebenfalls unterrühren. Tofutäschchen einlegen und in der Gemüsesauce zugedeckt 6–8 Min. garen und servieren (Bild 3).

MEHR LEUTE AM TISCH?

Für 2 Personen sind die Tofu-Täschchen ein richtiger Sattmacher, für 2 zusätzliche Gäste ein schöner Imbiss oder eine Vorspeise.

1

2

3

mild | richtiger Sattmacher

Kürbis-Kichererbsen-Curry

300 g geputzter Kürbis (z. B. Hokkaido)
2 kleine Zwiebeln
3 EL Öl
¼ TL Kreuzkümmelsamen
je ¼ TL Kurkuma- und Chilipulver
Salz
70 g Kokosraspel
¼ TL Garam Masala
150 g Joghurt
½ Dose Kichererbsen (120 g Abtropfgewicht)
½ Bund Koriandergrün

Für 2 Personen | 35 Min. Zubereitung
Pro Portion ca. 600 kcal, 6 g EW, 37 g F, 15 g KH

1 Den Kürbis in 2 cm große Würfel schneiden. Die Zwiebeln schälen und fein würfeln.

2 Erst den Wok, dann das Öl erhitzen. Darin die Zwiebeln hellbraun anbraten. Kreuzkümmel zugeben und unter Rühren 2 Min. braten. Kürbis, Kurkuma- und Chilipulver zugeben und 1 Min. weiterbraten, salzen. 200 ml Wasser zugeben und möglichst zugedeckt bei kleiner Hitze 10–15 Min. köcheln lassen, bis der Kürbis fast gar ist.

3 Inzwischen Kokosraspel, Garam Masala und Joghurt verrühren. Kichererbsen in ein Sieb abgießen, kalt überbrausen und abtropfen lassen. Kichererbsen und Joghurt zum Kürbis geben und 2–3 Min. miterhitzen (nicht mehr kochen lassen). Koriandergrün waschen, trockenschütteln, Blättchen abzupfen und über das fertige Curry streuen. Mit Reis servieren.

cremig-nussig

Gemüse in Erdnuss-Sauce

1 Zwiebel
2 Knoblauchzehen
150 g grüne Bohnen (frisch oder TK)
3 Möhren
3 Stangen Staudensellerie
2 EL Öl
100 ml Gemüsebrühe
125 ml Kokosmilch (aus der Dose)
2 EL Ketjap manis
2 EL Mirin (süßer Reiswein)
Salz | Pfeffer
3 EL Erdnussbutter
3 EL Sweet-Chili-Sauce

Für 2 Personen | 25 Min. Zubereitung
Pro Portion ca. 490 kcal, 14 g EW, 34 g F, 27 g KH

1 Zwiebel und Knoblauch schälen und fein würfeln. Frische Bohnen waschen, putzen und halbieren. Möhren schälen, Staudensellerie waschen und putzen, beides schräg in dünne Scheiben schneiden.

2 Erst den Wok, dann das Öl erhitzen. Darin die Bohnen 2 Min. unter Rühren braten. Zwiebel, Knoblauch, Sellerie und Möhren weitere 2 Min. mitbraten. Brühe und Kokosmilch dazugießen, mit Ketjap manis, Mirin, Salz und Pfeffer würzen. Alles 10 Min. zugedeckt köcheln lassen.

3 Erdnussbutter und Sweet-Chili-Sauce unterrühren und offen bei mittlerer bis großer Hitze nochmals ca. 5 Min. kochen lassen, bis das Gemüse gar ist. Wer will, schmeckt das Gericht zusätzlich mit Limettensaft ab.

oben: Kürbis-Kichererbsen-Curry | unten: Gemüse in Erdnuss-Sauce

macht was her

Knuspernudeln mit süßsauerem Gemüse

Kunterbuntes Gemüse macht dieses Gericht zum Augenschmaus. Sie können das ein oder andere Gemüse auch weglassen – die Vielfalt fand ich aber am leckersten.

150 g Mie-Nudeln
4 Mini-Maiskölbchen
60 g Zuckerschoten
2 Stangen Staudensellerie
60 g Champignons
1 kleine rote Paprikaschote
1 kleine Dose Ananas (in Ringen, Füllgewicht ca. 240 g)
1 TL Speisestärke
Öl zum Braten und Frittieren
2 EL Sojasauce
3 EL Reisessig | 1 TL brauner Zucker
2 EL Tomatenketchup

Für 2 Personen | 40 Min. Zubereitung
Pro Portion ca. 580 kcal, 12 g EW, 20 g F, 45 g KH

1 Die Nudeln nach Packungsanweisung kochen, in ein Sieb abgießen und abtropfen lassen. Das Gemüse waschen und putzen. Maiskölbchen und Zuckerschoten längs schräg halbieren, Selleriestangen schräg in dünne Scheiben schneiden, Champignons halbieren (große Exemplare vierteln oder dritteln), Paprika in dünne Streifen schneiden.

2 Ananas abgießen, dabei den Saft auffangen, Fruchtringe in Stücke schneiden. Die Stärke mit 100 ml Ananassaft verrühren.

3 Erst den Wok, dann 2 EL Öl darin erhitzen. Maiskölbchen darin unter Rühren 2 Min. braten. Übriges Gemüse zugeben und 1–2 Min. unter Rühren mitbraten. Mit Sojasauce ablöschen. Ananassaft dazugießen. Essig, Zucker und Ketchup unterrühren. Alles bei mittlerer Hitze 5–7 Min. köcheln lassen, bis das Gemüse gar, aber noch bissfest ist. Ananas unterrühren, Gemüse aus dem Wok nehmen und warm halten.

4 Den Wok säubern, Öl ca. 2 cm hoch hineingießen und heiß werden lassen. Die Nudeln gut trockentupfen und zu zwei Nestern formen. Ein Nudelnest ins heiße Öl geben, mit einem Pfannenwender ins Öl drücken und ca. 4 Min. frittieren (bzw. solange, bis der untere Teil knusprig ist).

5 Fertiges Nudelnest herausnehmen und in ein Ess-Schälchen geben, das zweite Nest ebenso frittieren. Gemüse mit Sauce auf die ungebratene Seite der Nester häufen und sofort servieren.

AUSTAUSCH-TIPPS

Beim Gemüse kann nach Lust und Vorrat getauscht werden. Allerdings: Die Tauschpartner sollten ähnliche Garzeiten haben. Und wenn es mal ganz flott gehen soll, tut es auch eine tiefgekühlte Asienmischung: Gemüse einfach leicht angetaut in den Wok geben, unter Rühren auftauen. Sauce zugeben und solange garen, bis die Bissprobe sagt: schmeckt klasse!

Spezialität aus Indonesien

Tempeh mit Zucchini

1 Zucchino
3 Frühlingszwiebeln
100 g Mungbohnensprossen
1 Knoblauchzehe
200 g Tempeh (ersatzweise Tofu)
200 ml Öl zum Braten und Frittieren
2 EL Sojasauce
4 EL Ketjap manis
1 EL brauner Zucker
1 ½ TL Sambal oelek

Für 2 Personen | 35 Min. Zubereitung
Pro Portion ca. 395 kcal, 25 g EW, 21 g F, 32 g KH

1 Zucchino waschen, längs halbieren und in dünne Scheiben schneiden. Frühlingszwiebeln waschen, putzen und schräg in dünne Ringe schneiden. Sprossen kalt abbrausen und abtropfen lassen. Knoblauch schälen und hacken. Tempeh in 1 cm breite Scheiben schneiden, evtl. halbieren.

2 Das Öl im Wok erhitzen, darin die Tempehstücke portionsweise ca. 3 Min. beidseitig knusprig braun braten. Herausnehmen und auf Küchenpapier abtropfen lassen.

3 Öl bis auf einen kleinen Rest abgießen, heiß werden lassen. Darin Zucchino 2 Min. unter Rühren anbraten, Knoblauch zugeben und 30 Sek. weiterrühren. Frühlingszwiebeln, Sprossen, Sojasauce, Ketjap manis, Zucker, Sambal oelek und 5 EL Wasser zugeben. Alles 2–3 Min. köcheln lassen, dann den Tempeh vorsichtig unterheben und heiß werden lassen.

Eiweißpaket für Vegetarier

Würziger Gemüse-Tofu

1 kleine Stange Lauch
3 Stangen Staudensellerie
200 g Tofu
¼ TL Sichuanpfefferkörner
Öl zum Braten und Frittieren
1 EL schwarze Bohnen-Paste
1 EL Chili-Bohnen-Paste (s. Tipp Seite 50)
1 EL Tomatenketchup
2 EL Mirin (süßer Reiswein)
Salz

Für 2 Personen | 40 Min. Zubereitung
Pro Portion ca. 320 kcal, 12 g EW, 21 g F, 17 g KH

1 Den Lauch längs halbieren, waschen und schräg in 2 cm lange Stücke schneiden. Sellerie waschen, putzen und in 1 cm breite Stücke schneiden. Den Tofu in ca. 1 cm große Würfel schneiden.

2 Den Wok erhitzen, darin den Sichuanpfeffer rösten, bis er zu duften beginnt. Körner herausnehmen, abkühlen lassen und im Mörser zerstoßen. Den Wok wieder heiß werden lassen, Öl ca. 2 cm hoch hineingießen und erhitzen. Darin den Tofu rundherum in 3–4 Min. goldgelb frittieren. Herausnehmen und auf Küchenpapier abtropfen lassen.

3 Das Öl bis auf einen kleinen Rest abgießen, darin das Gemüse 2–3 Min. unter Rühren braten. Bohnenpasten, Ketchup, Mirin und 4–6 EL Wasser zugeben. Aufkochen lassen, Tofu und Sichuanpfeffer zugeben und alles 2–3 Min. köcheln lassen. Eventuell mit etwas Salz abschmecken und mit Reis servieren.

oben: Tempeh mit Zucchini | unten: Würziger Gemüse-Tofu

knackig frisch | blitzschnell

Scharf-saure Gurken

1 kleine Salatgurke | 1 Dose Bambussprossen in Streifen (140 g Abtropfgewicht) | 2 EL Öl | 2–3 getrocknete Chilischoten | 1 TL brauner Zucker | 1 EL helle Sojasauce | 2 EL Reisessig | Salz

Für 2 Personen | 15 Min. Zubereitung
Pro Portion ca. 110 kcal, 3 g EW, 8 g F, 5 g KH

1 Gurke waschen, längs vierteln und die Kerne mit einem Teelöffel herauskratzen. Die Gurkenviertel in 1 cm breite Stücke schneiden. Bambussprossen abgießen und gut abtropfen lassen.

2 Erst den Wok, dann das Öl erhitzen. Darin die Chilischoten solange rösten, bis sie bräunlich sind, herausnehmen. Gurke in den Wok geben, Zucker zugeben und 1 Min. unter Rühren braten. Sojasauce, Essig und Bambussprossen zugeben, salzen und weitere 1–2 Min. braten.

TIPP

Passt als Beilage auch zu kurz gebratenem Fleisch.

würzig | blitzschnell

Pilze in Austernsauce

2 Frühlingszwiebeln | je 100 g braune Champignons, Shiitake- und Austernpilze | 2 EL Öl | 2 EL Austernsauce | 1 EL Reiswein | ½ TL brauner Zucker | 8 EL Gemüsebrühe | Salz | 1 EL geröstetes Sesamöl

Für 2 Personen | 15 Min. Zubereitung
Pro Portion ca. 170 kcal, 5 g EW, 13 g F, 6 g KH

1 Zwiebeln waschen, putzen, den unteren weißen Teil in 2 cm große Stücke, den oberen grünen in feine Ringe schneiden. Die Pilze abreiben, putzen und in grobe Scheiben schneiden.

2 Erst den Wok, dann das Öl erhitzen. Darin die Pilze und die Zwiebelstücke 1 Min. unter Rühren anbraten. Austernsauce, Reiswein, Zucker und Brühe unterrühren und weitere 3–5 Min. unter Rühren braten. Mit Salz abschmecken, mit Sesamöl beträufeln und mit Zwiebelgrün bestreuen.

feine Vorspeise aus Japan

Rettich-Nashi-Gemüse

300 g weißer Rettich (Daikon-Rettich) | 1 Nashibirne (ersatzweise 1 feste Birne) | 3 EL Sesamsamen | 2 EL Öl | 1 EL Sojasauce | 2 EL Sake (Reiswein) | 3 EL Mirin (süßer Reiswein) | ½ TL Zucker | Salz

Für 2 Personen | 25 Min. Zubereitung
Pro Portion ca. 265 kcal, 4 g EW, 16 g F, 17 g KH

1 Den Rettich schälen, längs halbieren und in dünne Scheiben schneiden. Die Nashi schälen, vierteln, Kerngehäuse herausschneiden. Jedes Viertel in schmale Scheiben schneiden.

2 Den Wok erhitzen, die Sesamsamen darin rösten, bis sie duften, herausnehmen. Öl in den Wok geben, darin den Rettich 2–3 Min. anbraten. Nashi und die übrigen Zutaten zugeben. Alles salzen und gut verrühren. Zugedeckt bei kleiner Hitze 8–10 Min. garen, dabei immer wieder 1–2 EL Wasser zugeben. Mit Sesam bestreut servieren.

Vitamin-Kick im Winter

Spinat mit Mandeln

600 g Wurzelspinat | 1 kleine Zwiebel | 1 Knoblauchzehe | 1 Tomate | 8 EL Öl | 80 g gehäutete Mandeln | 1 getrocknete Chilischote | 1 TL Currypulver | ½ TL gemahlener Koriander | Salz

Für 2 Personen | 20 Min. Zubereitung
Pro Portion ca. 350 kcal, 14 g EW, 30 g F, 5 g KH

1 Spinat waschen, putzen und in einzelne Blätter zerteilen. Zwiebel und Knoblauch schälen und hacken. Tomate waschen und würfeln, dabei den Stielansatz entfernen.

2 Erst den Wok, dann das Öl erhitzen. Darin Mandeln und zerbröselte Chilischote unter Rühren braun rösten. Herausnehmen und auf Küchenpapier abtropfen lassen. Öl bis auf einen kleinen Rest abgießen, darin Zwiebel und Knoblauch goldgelb anbraten. Tomate, Currypulver und Koriander zugeben, 2 Min. unter Rühren braten. Spinat zugeben und 2–3 Min. weiterbraten. Wenn er zusammengefallen ist, Spinat salzen und Mandeln unterrühren.

Fisch & Meeresfrüchte

Bei asiatischen Köchen habe ich gelernt: Zartes aus dem Meer braucht sanfte Behandlung. Also Fisch und Meeresfrüchte immer fein marinieren, nicht zu wild im Wok rühren und vor allem: nur kurz garen! Kräutersatt und zitronenfrisch kommt mein Lieblings-Gericht ganz flott in den Wok – und noch schneller auf den Tisch.

Meeresfrüchte mit Minze

300 g aufgetaute TK-Meeresfrüchte
1 Knoblauchzehe | 8 Kaffir-Limettenblätter
je ½ Bund asiatische Minze und Koriandergrün
Saft von 1 Zitrone
2 EL Fischsauce
1 TL grüne Thai-Currypaste | 3 EL Öl
150 g Mungbohnensprossen
½ TL brauner Zucker

Für 2 Personen | 25 Min. Zubereitung
Pro Portion ca. 275 kcal, 24 g EW, 16 g F, 9 g KH

1 Die Meeresfrüchte gut abbrausen und gut trockentupfen.

2 Knoblauch schälen und hacken, Limettenblätter waschen und in feine Streifen schneiden, dabei die harte Blattrippe entfernen. Minze und Koriander waschen, trocknen, die Blättchen fein hacken. Die Hälfte davon mit Knoblauch und Limettenblättern mischen. Die Hälfte des Zitronensafts, 1 EL Fischsauce und die Currypaste verrühren und zugeben. Die Meeresfrüchte in der Mischung wenden und 15 Min. marinieren.

3 Erst den Wok, dann das Öl erhitzen. Darin die Meeresfrüchte mit der Marinade 1–2 Min. unter vorsichtigem Rühren braten. Übrige Fischsauce, 5–6 EL Wasser, Sprossen und Zucker zugeben. Alles aufkochen und 2–3 Min. bei kleiner Hitze gar köcheln lassen, mit übrigem Zitronensaft abschmecken. Mit restlichen Kräutern bestreut servieren.

AUSTAUSCH-TIPP

Gibt es statt Mungbohnensprossen Erbsensprossen in Ihrem Supermarkt? Dann greifen Sie zu. Die langen, hellgrünen Keimlinge, die auch Erbsen-Spargel heißen, passen prima zu Minze und Meeresfrüchten.

feine Vorspeise

Scharfe Thai-Muscheln

1 kg Miesmuscheln | 2 Knoblauchzehen | 2 frische rote Chilischoten | 3 Frühlingszwiebeln | 1 Stück frischer Galgant (ca. 3 cm, ersatzweise Ingwer) | 2 Stängel Zitronengras | 2 EL Öl | 400 ml Fisch- oder Asiafond (aus dem Glas) | 2 EL Fischsauce

Für 2 Personen | 25 Min. Zubereitung
Pro Portion ca. 175 kcal, 10 g EW, 12 g F, 6 g KH

1 Muscheln gründlich waschen, beschädigte oder offene wegwerfen. Knoblauch schälen, Chilischoten halbieren und entkernen, beides hacken. Frühlingszwiebeln waschen, putzen und in Ringe schneiden. Galgant schälen und mit dem unteren Teil des Zitronengrases in dünne Scheiben schneiden.

2 Erst den Wok, dann das Öl erhitzen. Darin Knoblauch, Chilis, Zwiebeln, Galgant und Zitronengras unter Rühren 1–2 Min. braten. Muscheln zugeben, 1 Min. weiterrühren. Fond angießen. Alles 7–10 Min. garen, bis die Muscheln sich geöffnet haben. Sud mit Fischsauce abschmecken.

Spezialität aus Indien

Kokos-Kohl mit Garnelen

300 g Weißkohl | 1 kleine Zwiebel | 2 EL Öl | 1 TL Panch Phoran (Gewürzmischung) | je 1 Msp. Kurkuma- und Chilipulver | Salz | 50 g Kokosraspel | 180 g küchenfertige, rohe Garnelen

Für 2 Personen | 25 Min. Zubereitung
Pro Portion ca. 400 kcal, 21 g EW, 26 g F, 20 g KH

1 Den Kohl waschen, Strunk herausschneiden. Die Blätter in möglichst feine Streifen schneiden. Zwiebel schälen und würfeln.

2 Erst den Wok, dann das Öl erhitzen. Darin die Zwiebel hellbraun braten. Panch Phoran zugeben, 30 Sek. rösten. Kohl, Kurkuma- und Chilipulver zugeben, 2 Min. unter Rühren braten, salzen. 100 ml Wasser und Kokosraspel unterrühren. Kohl zugedeckt ca. 12 Min. bei kleiner Hitze garen. Garnelen zugeben und alles bei großer Hitze 3 Min. rühren, bis die Flüssigkeit fast verdampft ist.

gelingt leicht | schnell

Würziger Tintenfisch

200 g Kalmare (Tintenfischtuben) | je 1 kleine grüne und rote Paprikaschote | 1 Knoblauchzehe | 1 Stück frischer Ingwer (ca. 2 cm) | 2 EL Öl | Salz | 1½ EL Schwarze-Bohnen-Paste | 2 EL Reiswein

Für 2 Personen | 20 Min. Zubereitung
Pro Portion ca. 205 kcal, 17 g EW, 9 g F, 9 g KH

1 Kalmare waschen, halbieren, innen säubern. Haut kreuzweise mit schmalen Schnitten einschneiden. Dann Kalmare in mundgerechte Stücke schneiden und mit kochendem Wasser überbrühen. Wasser nach 1 Min. abgießen – so rollen sich die Stücke auf. Paprika waschen, putzen und klein würfeln. Knoblauch und Ingwer schälen und hacken.

2 Erst den Wok, dann das Öl erhitzen. Darin die Paprika 3 Min. unter Rühren braten. Ingwer, Knoblauch und Tintenfischstücke zugeben, salzen und unter Rühren 2 weitere Min. braten. 2 EL Wasser, Bohnen-Paste und Reiswein unterrühren und alles in 1–2 Min. gar rühren.

mit Knoblauch-Kick

Scharfer Tomatenfisch

250 g Seelachsfilet | 1 TL Speisestärke | 1 Eiweiß | 4 Frühlingszwiebeln | 2 Knoblauchzehen | 1 Stück frischer Ingwer (ca. 2 cm) | 2 EL Öl | 2 EL Chili-Bohnen-Paste (s. Tipp Seite 50)| 1 TL Tomatenmark | 370 g passierte Tomaten (Tetrapack) | 1 TL brauner Zucker | 1 EL Reisessig | Salz

Für 2 Personen | 35 Min. Zubereitung
Pro Portion ca. 265 kcal, 28 g EW, 10 g F, 17 g KH

1 Fisch waschen, trocknen und in 4 cm große Stücke schneiden. Stärke mit 1 EL Wasser, dann mit Eiweiß verquirlen, Fisch darin wenden. Frühlingszwiebeln in Ringe schneiden, das Grün beiseite stellen. Knoblauch und Ingwer schälen und hacken.

2 Erst den Wok, dann das Öl erhitzen. Darin den Fisch 2–3 Min. anbraten, herausnehmen. Zwiebeln, Ingwer, Knoblauch anbraten, Bohnen-Paste, Tomatenmark, Tomaten, Zucker und Essig zugeben. Sauce 6–8 Min. köcheln lassen. Fisch darin warm werden lassen, salzen und mit Zwiebelgrün bestreuen.

Klassiker aus China

Fisch in süßsauerer Sauce

200 g Rotbarschfilet
1½ TL Speisestärke
1 Eiweiß
Salz | Pfeffer
1 große Möhre
1 grüne Paprikaschote
1 Dose Bambussprossen (140 g Abtropfgewicht)
1 Stück frischer Ingwer (ca. 2 cm)
2 EL brauner Zucker
3 EL Reisessig
1 EL Sojasauce | 3 EL Öl
100 ml Gemüsebrühe

Für 2 Personen | 30 Min. Zubereitung
Pro Portion ca. 310 kcal, 24 g EW, 17 g F, 16 g KH

1 Fisch waschen, trocknen und in 3 cm große Würfel schneiden. 1 TL Stärke mit 1 TL kaltem Wasser, dann mit Eiweiß, Salz und Pfeffer verquirlen. Den Fisch darin wenden.

2 Möhre schälen und in feine Stifte schneiden. Paprika putzen, waschen und mit den Bambussprossen in feine Streifen schneiden. Ingwer schälen und hacken. Übrige Stärke mit Zucker, Essig und Sojasauce verrühren.

3 Erst den Wok, dann das Öl erhitzen. Darin die Fischwürfel rundherum braten, bis sie hell gebräunt sind. Herausnehmen und auf Küchenpapier abtropfen lassen. Gemüse 1 Min. unter Rühren im Wok braten. Würzmischung und Brühe angießen und weitere 3 Min. köcheln lassen. Fisch unterrühren, evtl. mit Salz abschmecken und mit Reis servieren.

für besondere Anlässe

Bananenfisch in Kokossauce

300 g Seelachsfilet
1 große feste Banane
Saft von 1 Limette
6–8 Kirschtomaten
4 Kaffir-Limettenblätter
200 ml Kokosmilch
1 TL gelbe Thai-Currypaste
½ TL Kurkumapulver
1 EL Fischsauce
1 TL brauner Zucker

Für 2 Personen | 25 Min. Zubereitung
Pro Portion ca. 370 kcal, 31 g EW, 17 g F, 22 g KH

1 Das Fischfilet waschen, trocknen und in 3 cm große Stücke schneiden. Die Banane in 1 cm breite Scheiben schneiden. Beides mit der Hälfte des Limettensaftes mischen. Tomaten waschen und halbieren, dabei die Stielansätze entfernen. Limettenblätter waschen und in feine Streifen schneiden.

2 Den Wok erhitzen, die dicke, feste Creme der Kokosmilch hineingeben und unter Rühren 2–5 Min. köcheln lassen, bis sich eine Ölschicht oben absetzt. Die Currypaste zugeben und 1 Min. unter Rühren braten. Übrige Kokosmilch, Kurkumapulver, Fischsauce und Limettenblätter unterrühren.

3 Fisch, Banane und Tomaten zugeben und bei kleiner Hitze (möglichst zugedeckt) 5 Min. garen. Sauce mit Zucker und restlichem Limettensaft abschmecken.

links: Fisch in süßsauerer Sauce | rechts: Bananenfisch in Kokossauce

Thai-Snack als Vorspeise

Fischplätzchen mit Würzdip

Knusprig und ganz schön scharf – so kennt man diesen Snack als Vorspeise aus dem thailändischen Restaurant. Zum Feuerlöschen am besten Thai-Bier und ein Schälchen frischen Salat bereithalten.

Für den Dip
1 rote Chilischote
6 EL Reisessig
3 EL Zucker
1 EL Fischsauce
½ Möhre
¼ Salatgurke
2 EL geröstete, gesalzene Erdnüsse
Für die Fischplätzchen
250 g Fischfilet (Seelachs oder Rotbarsch)
2 Frühlingszwiebeln
6 Kaffir-Limettenblätter
1 EL rote Thai-Currypaste
1 TL brauner Zucker
1 EL Fischsauce
1½ EL Speisestärke
1 Ei | Salz
200 ml Öl zum Frittieren

Für 2 Personen | 45 Min. Zubereitung
Pro Portion ca. 425 kcal, 30 g EW, 24 g F, 23 g KH

1 Für den Dip Chilischote halbieren, entkernen und fein hacken. Mit Essig, Zucker, Fischsauce und 100 ml Wasser in den Wok geben, aufkochen lassen und 3 Min. köcheln lassen. Möhre schälen und in ganz dünne Stifte schneiden. Gurke waschen und in feine Würfelchen schneiden. Beides in die warme Sauce geben und abkühlen lassen.

2 Fisch waschen, trocknen und grob zerschneiden. Frühlingszwiebeln waschen, putzen und in feine Ringe schneiden. Limettenblätter waschen, trocknen und in feine Streifen schneiden, dabei die mittlere, harte Blattrippe entfernen.

3 Fischstücke mit Currypaste, Zucker und Fischsauce in der Küchenmaschine pürieren. Anschließend gut mit Stärke, Ei, Frühlingszwiebeln und Limettenblättern vermengen und mit Salz abschmecken. Aus der Masse 8 kleine, flache Plätzchen formen.

4 Den Würzdip in ein Schälchen geben. Wok säubern, dann heiß werden lassen. Das Öl hineingeben und heiß werden lassen. Die Fischplätzchen darin portionsweise in 3–5 Min. von beiden Seiten knusprig braun frittieren. Herausnehmen und auf Küchenpapier abtropfen lassen. Erdnüsse kleiner hacken. Den Würzdip damit bestreuen und mit den heißen Plätzchen servieren.

LÖSCH-TIPP: GRÜNER SALAT

Wenn's an Zunge und Gaumen so richtig brennt, nicht sofort zum Wasserglas greifen: Flüssigkeit verteilt die Schärfe nur noch mehr. Besser neutralisiert ein Gäbelchen Salat die Schärfe. Machen Sie z. B. grünen Salat mit Orangenfilets und einem Dressing aus 4 EL Joghurt, 1 EL Zitronensaft, 2 EL Salatöl und 1 EL gehackter frischer Minze an. Die Sauce mit Salz und wenig Pfeffer würzen.

japanisch | edel

Tunfisch mit Spinatnudeln

300 g Blattspinat
200 g frischer Tunfisch
1 Msp. Chilipulver
1 TL geröstetes Sesamöl
150 g Soba-Nudeln
1½ EL Misopaste
3 EL Tahin (Sesampaste)
2 EL Sojasauce
3 EL Mirin (süßer Reiswein)
2 EL Sesamsamen
½ TL Schwarzkümmel
3 EL Öl

Für 2 Personen | 25 Min. Zubereitung
Pro Portion ca. 880 kcal, 44 g EW, 48 g F, 72 g KH

1 Spinat waschen und putzen. Fisch waschen, trocknen und 3 cm groß würfeln. Chilipulver mit Sesamöl mischen. Fisch darin wenden und zugedeckt beiseite stellen.

2 Nudeln nach Packungsangabe kochen, in ein Sieb abgießen und abtropfen lassen. Misopaste mit Tahin, 1 EL Sojasauce, 1 EL Mirin und 5 EL lauwarmem Wasser verrühren. 1 EL Sesam und den Schwarzkümmel mischen, Fischwürfel darin wenden.

3 Erst den Wok, dann das Öl erhitzen. Fischwürfel darin rundherum 2–3 Min. anbraten. Mit übriger Sojasauce, restlichem Mirin und 4–6 EL Wasser ablöschen. Aufkochen lassen, Nudeln zugeben und vorsichtig 1 Min. rühren. Spinat weitere 1–2 Min. mitrühren, bis er zusammengefallen ist. Sesamsauce darüber träufeln oder getrennt zum Dippen dazureichen. Mit übrigem Sesam bestreuen.

Klassiker aus Indonesien

Nasi Goreng

1 rote Paprikaschote
100 g Mungbohnensprossen
200 gegarte, geschälte Garnelen
3 Schalotten
1 Knoblauchzehe
½ TL Garnelenpaste
1½ TL Sambal oelek
3 EL Öl
400 g gegarter Reis (vom Vortag)
2 EL Ketjap manis
1 EL Tomatenketchup

Für 2 Personen | 25 Min. Zubereitung
Pro Portion ca. 470 kcal, 27 g EW, 14 g F, 60 g KH

1 Paprika putzen, waschen und in dünne Streifen schneiden. Sprossen und Garnelen in einem Sieb kalt abbrausen und abtropfen lassen. Schalotten und Knoblauch schälen und grob zerschneiden. Beides mit der Garnelenpaste und Sambal oelek in der Küchenmaschine grob pürieren oder im Mörser zu einer Paste zerreiben.

2 Erst den Wok, dann das Öl erhitzen. Darin die Würzpaste ca. 1 Min. unter Rühren braten. Paprika zugeben und 1 Min. weiterbraten. Den Reis, Garnelen und Sprossen zugeben, mit Ketjap manis und Ketchup würzen und alles unter Rühren braten, bis der Reis heiß ist.

UND DAZU?

Wer will, serviert Nasi Goreng stilecht mit Spiegelei, frischen Gurkenscheiben und gerösteten Zwiebeln garniert. Dazu: Krupuk (Krabbenbrot aus dem Asienladen).

oben: Tunfisch mit Spinatnudeln | unten: Nasi Goreng

scharf & knusprig

Forelle mit Chili-Honig-Sauce

Keine Angst vor ganzen Fischen: Durch die Einschnitte lässt sich das Fleisch ganz leicht ablösen. Und die Knusperkruste ist ein Gedicht!

2 küchenfertige Forellen (à ca. 300 g)
3–5 kleine rote Chilischoten
2 Knoblauchzehen
1 Stück frischer Ingwer (ca. 4 cm)
8 Kaffir-Limettenblätter
6 EL Honig
10 EL Sojasauce
10 EL Reisessig
3 Frühlingszwiebeln
½ Bund Koriandergrün
Mehl zum Wenden
6 EL Öl

Für 2 Personen
20 Min. Zubereitung | 30 Min. Marinieren
Pro Portion ca. 570 kcal, 35 g EW, 29 g F, 44 g KH

1 Die Forellen unter fließendem, kaltem Wasser waschen, trockentupfen. Mit einem scharfen Messer beidseitig in 2 cm breitem Abstand möglichst tief einschneiden.

2 Die Chilischoten halbieren und entkernen. Knoblauch und Ingwer schälen. Alles fein hacken. Die Kaffir-Limettenblätter waschen, trocknen und in ganz feine Streifen schneiden. Alles gut mit Honig, Sojasauce und Reisessig verrühren. Die Hälfte der Marinade in den Forellen verteilen und in die Einschnitte träufeln. Übrige Marinade beiseite stellen. Forellen ca. 30 Min. ruhen lassen.

3 Inzwischen die Frühlingszwiebeln putzen und in feine Ringe schneiden. Koriandergrün waschen, trocknen und hacken.

4 Die Forellen aus der Marinade nehmen, abtropfen lassen und in Mehl wenden. Erst den Wok, dann das Öl erhitzen. Darin die Forellen auf beiden Seiten in jeweils ca. 5 Min. knusprig braun braten.

5 Fische aus dem Wok nehmen und warm stellen. Übrige Marinade in den Wok geben und in 2 Min. sirupartig einkochen lassen. Die Hälfte Koriandergrün unterrühren und die Sauce über die Forellen gießen. Vor dem Servieren Forellen mit restlichem Koriandergrün und Zwiebelringen bestreuen.

UND DAZU?

Servieren Sie als gaumenkühlenden Begleiter fein-süßlichen Ananas-Möhrensalat mit einem Hauch Chilischärfe. Dazu 2 Möhren schälen und in feine Stifte schneiden. 1 Stück in Sirup eingelegten Ingwer hacken, mit 1 TL Sirup, 1 EL Reiswein, 1 EL heller Sojasauce und den Möhren mischen. Ca. 200 g geputzte frische Ananas klein würfeln und zugeben. 2 EL Öl im Wok erhitzen, 2 getrocknete Chilischoten zugeben und braten, bis sie dunkel werden. Chilis herausnehmen, Öl sofort mit dem Salat mischen und mindestens 10 Min. ziehen lassen. Nach Belieben vor dem Servieren noch gehacktes Koriandergrün oder Frühlingszwiebelringe untermischen.

Fleisch & Geflügel

Nicht die Menge macht's: Zum Star im Wok adeln asiatische Köche Fleisch durch raffinierte Marinaden und die Kombination mit frischem Gemüse. Ich habe mich davon anregen lassen. Und so wird zartes Rinderfilet mit exotischen Gewürzen und hiesigem Mangold-Gemüse zu meinem persönlichen Küchenstar.

Rinderfilet mit Zitronengras und Mangold

160 g Rinderfilet
2 Stängel Zitronengras
2 EL Sojasauce
3 EL Sherry (oder Reiswein)
1 große Zwiebel
2 Möhren
250 g Mangold
½ TL Speisestärke
2 EL Öl
1 TL rote Thai-Currypaste
80 ml Rinderbrühe

Für 2 Personen | 20 Min. Zubereitung
Pro Portion ca. 260 kcal, 21 g EW, 12 g F, 10 g KH

1 Das Rindfleisch in Streifen schneiden. Den unteren, weißen Teil der Zitronengrasstängel fein hacken, mit Sojasauce und Sherry verrühren. Das Rindfleisch damit mischen und 1 Std. zugedeckt kühl stellen.

2 Zwiebel schälen und achteln. Möhren und Mangold waschen und putzen, Möhren schräg in Streifen schneiden. Mangoldstiele und Blätter getrennt in Streifen schneiden.

3 Fleisch aus der Marinade nehmen, abtropfen lassen, abtupfen und mit Speisestärke bestäuben. Erst den Wok, dann das Öl erhitzen. Fleisch und Zwiebel darin anbraten, Currypaste, Möhre und Mangoldstiele weitere 2 Min. unter Rühren mitbraten. Brühe und Marinade dazugießen, 4–5 Min. köcheln lassen. Mangoldgrün untermischen und alles weitere 3–4 Min. garen. Mit Reis servieren.

1

2

3

4

5

idealer Snack

Gefüllte Omelettpäckchen

Überraschung! Subtile Schärfe in fluffiger Eierhülle machen diese Päckchen zum Geschmackserlebnis. Wer's knackig mag, mischt noch Eisbergsalat-Streifen unters Fleisch.

1 Knoblauchzehe
1 Tomate
4 Frühlingszwiebeln
1 kleine grüne Paprikaschote
5 EL Öl
150 g Schweinehackfleisch
Pfeffer
2 EL Fischsauce
1 EL Sojasauce
1 EL Sweet-Chili-Sauce
½ Bund Koriandergrün
3 Eier

Für 2 Personen | 40 Min. Zubereitung
Pro Portion ca. 435 kcal, 27 g EW, 33 g F, 9 g KH

1 Knoblauch schälen und hacken. Tomate waschen und ohne Stielansatz fein würfeln. Die Frühlingszwiebeln putzen, den unteren weißen und den oberen grünen Teil getrennt in Ringe schneiden. Paprikaschote putzen, waschen und klein würfeln (Bild 1).

2 Erst den Wok, dann 2 EL Öl darin erhitzen. Das Hackfleisch darin mit weißen Frühlingszwiebelringen und Knoblauch 2 Min. krümelig anbraten, pfeffern. Paprikaschote, Tomate, 1 EL Fischsauce, Soja- und Chilisauce gut unterrühren und bei mittlerer Hitze unter gelegentlichem Rühren 5–7 Min. braten (Bild 2).

3 Koriandergrün waschen, trocknen, mit den Stielen fein hacken. Mit dem Zwiebelgrün unter das Hackfleisch mischen. Alles beiseite stellen. Die Eier in eine Schüssel aufschlagen und gut mit der übrigen Fischsauce verquirlen.

4 Den Wok säubern, die Hälfte des übrigen Öls hineingeben und heiß werden lassen. Die Hälfte der Eiermasse hineingießen und den Wok sofort so schwenken, das sich das Ei zu einem runden Omelett formt (Bild 3).

5 Omelett so lange braten, bis es noch nicht vollständig gestockt, aber an den Rändern fest ist. Die Hälfte der Hackfleischmasse darauf geben (Bild 4). Die jeweils sich gegenüberliegenden Seiten zusammenklappen, so dass ein Päckchen entsteht (Bild 5). Wenden und von unten ca. ½–1 Min. braten, bis das Päckchen zusammenhält. Auf einen Teller gleiten lassen und aus der restlichen Masse im Wok ein weiteres Omelettpäckchen braten.

VARIANTE: ASIEN-ROLLE

Wie wär's mal mit Thai-Wraps als Sommersnack? 4 fertig gekaufte Wraps eventuell kurz im Wok nach Packungsanweisung aufbacken. Hackfüllung mit in Stifte geschnittener Gurke, Tomatenwürfelchen und feinen Salatstreifen mischen und auf den Wraps verteilen. Wer die Kombination mit Obst mag, nimmt zusätzlich noch Mangowürfelchen. Wraps einrollen und vielleicht noch mit zusätzlicher Sweet-Chili-Sauce beträufeln.

indisch inspiriert

Hackfleisch mit Erbsen

2 kleine Zwiebeln | 2 Knoblauchzehen | 1 Stück frischer Ingwer (ca. 1 cm) | 2 EL Öl | 250 g Lamm- oder Rinderhackfleisch | 1 TL gemahlener Kreuzkümmel | ½ TL Chilipulver | ½ TL Kurkumapulver | Salz | 250 g TK-Erbsen | ½ TL Garam Masala

Für 2 Personen | 30 Min. Zubereitung
Pro Portion ca. 450 kcal, 35 g EW, 26 g F, 19 g KH

1 Zwiebeln schälen und fein würfeln. Knoblauch und Ingwer schälen und hacken. Erst den Wok, dann das Öl erhitzen. Darin die Zwiebeln braun braten. Hackfleisch, Ingwer, Knoblauch, Kreuzkümmel, Chili- und Kurkumapulver zugeben, salzen und unter Rühren ca. 3 Min. krümelig anbraten.

2 Erbsen und 80 ml Wasser zugeben, verrühren und möglichst zugedeckt 12–15 Min. garen. Vor dem Servieren Garam Masala unterrühren.

mild-aromatisch

Mongolisches Lamm

80 g getrocknete Aprikosen | 200 g Lammfleisch (aus der Keule) | ¾ TL 5-Gewürze-Pulver | ½ TL Speisestärke | 2 große Zwiebeln | 2 EL Öl | Salz | Pfeffer | 8 EL Rinderbrühe | 1 EL Reiswein

Für 2 Personen
20 Min. Zubereitung | 30 Min. Marinieren
Pro Portion ca. 430 kcal, 21 g EW, 27 g F, 22 g KH

1 Aprikosen halbieren, mit heißem Wasser übergießen und 30 Min. ziehen lassen. Das Fleisch in feine Streifen oder Würfel schneiden, mit ½ TL 5-Gewürze-Pulver und Stärke mischen, 30 Min. zugedeckt kühl stellen. Zwiebeln schälen und achteln.

2 Aprikosen abgießen. Erst den Wok, dann das Öl erhitzen. Darin das Fleisch 1–2 Min. braten, herausnehmen, salzen und pfeffern. Zwiebeln im verbliebenen Öl hellbraun braten. Übriges 5-Gewürze-Pulver, Aprikosen, Brühe, Reiswein und Fleisch zugeben und 2–4 Min. köcheln lassen. Statt Reis passt hier auch Bulgur oder Couscous.

Spezialität aus Indien

Rindfleisch-Jalfraizi

200 g Rindersteak | 2 Zwiebeln | 1 grüne Paprikaschote | 1 grüne Chilischote | 3 EL Öl | ¼ TL braune Senfkörner | je 2 Msp. gemahlener Kreuzkümmel, Koriander und Kurkumapulver | Salz | Pfeffer

Für 2 Personen | 20 Min. Zubereitung
Pro Portion ca. 280 kcal, 22 g EW, 19 g F, 4 g KH

1 Das Fleisch in schmale Streifen schneiden. Zwiebeln schälen, Paprika putzen, waschen, beides in Streifen schneiden. Chilischote waschen und fein hacken.

2 Erst den Wok, dann das Öl erhitzen. Darin die Senfkörner braten, bis sie zu knistern beginnen. Fleisch, Zwiebeln und Gewürze zugeben. Alles 1–2 Min. unter Rühren anbraten. Paprika zugeben. Alles salzen, pfeffern und weitere 3 Min. braten, ggf. etwas Wasser zugeben, damit das Fleisch nicht anbrennt.

leicht & fruchtig

Mango-Basilikum-Huhn

250 g Hähnchenbrustfilet | 4 Frühlingszwiebeln | 1 reife Mango (350 g) | 2 EL Fischsauce | 3 EL Austernsauce | ½ TL Sambal oelek | 1 TL brauner Zucker | 100 ml Hühnerbrühe | 3 EL Öl | 1 Bund Thai-Basilikum

Für 2 Personen | 20 Min. Zubereitung
Pro Portion ca. 400 kcal, 31 g EW, 17 g F, 9 g KH

1 Hähnchenfleisch in dünne Scheiben schneiden. Frühlingszwiebeln putzen und in 3 cm lange Stücke schneiden. Mango schälen, längs vom Kern schneiden und 2 cm groß würfeln.

2 Fisch-, Austernsauce, Sambal oelek, Zucker und Brühe verrühren. Erst den Wok, dann das Öl erhitzen. Darin das Fleisch in ca. 3 Min. braun anbraten. Würzmischung dazugießen. Mango- und Zwiebelstücke zugeben und bei mittlerer Hitze 5–7 Min. mitköcheln lassen. Basilikum waschen, trocknen, Blättchen abzupfen und kurz vor dem Servieren unter das Fleisch mischen.

Klassiker auf neue Art

Rindfleisch-Kokos-Bällchen mit Tomatendip

Trendige Alternative zu Frikadellen mit Senf: Die Kokos-Bällchen mit Tomatendip fehlen bei mir auf keinem Partybüfett.

Für den Dip
1 Knoblauchzehe
1 Stück frischer Ingwer (ca. ½ cm)
200 g passierte Tomaten (Tetra-Pack)
Saft von 1 Orange
1 EL brauner Zucker
2 TL Sojasauce
2 TL Reisessig
¼ TL Sambal oelek

Für die Bällchen
1 Stück frischer Ingwer (ca. 2 cm)
1 Knoblauchzehe
1 EL Austernsauce
1 TL brauner Zucker
½ TL Sambal oelek
1 TL gemahlener Koriander
je 2 Msp. gemahlener Zimt und Muskatnuss
300 g Rinderhackfleisch
100 g Kokosnussraspel
Salz | Pfeffer
½ l Öl zum Braten und Frittieren

Für 2 Personen | 50 Min. Zubereitung
Pro Portion ca. 810 kcal, 39 g EW, 64 g F, 19 g KH

1 Für den Tomatendip Knoblauch und Ingwer schälen und fein hacken. Beides mit den Tomaten und den übrigen Dipzutaten in einen kleinen Topf geben und offen bei kleiner Hitze 8–10 Min. einkochen lassen, dabei ab und zu umrühren.

2 Für die Bällchen Ingwer und Knoblauch schälen und ganz fein hacken. Mit Austernsauce, Zucker, Sambal oelek und den gemahlenen Gewürzen mischen. Die Würzmischung mit dem Hackfleisch und den Kokosnussraspeln gut vermengen und mit Salz und kräftig mit Pfeffer würzen. Aus der Hackmasse 12 kleine Bällchen formen.

3 Öl in den Wok geben und gut heiß werden lassen. Die Bällchen portionsweise ins Öl geben und in ca. 5 Min. knusprig braun braten. Herausnehmen und auf Küchenpapier abtropfen lassen. Die Bällchen schmecken heiß oder kalt zum Tomatendip, der ebenfalls lauwarm oder kalt gereicht werden kann.

MEHR LEUTE AM TISCH?

Die Bällchen sind genau richtig, wenn jede Menge Besuch ansteht: Einfach die doppelte oder dreifache Portion zubereiten. So machen sie sich besonders gut auf dem Partybüfett: Bällchen auf einem Bananenblatt stapeln. Und dazu Gurken-, Rettich- und Möhrensticks sowie Ananasstücke zum Dippen bereitlegen.

scharfer Klassiker aus Sichuan

Huhn mit Cashewnüssen

200 g Hähnchenbrustfilet
1 grüne Paprikaschote
2 Frühlingszwiebeln
150 g kleine Champignons
1 Stück frischer Ingwer (ca. 3 cm)
2–3 getrocknete Chilischoten
100 ml Öl zum Braten
50 g Cashewnusskerne
Salz | Pfeffer
1 TL Chili-Bohnen-Paste (s. Tipp Seite 50)
1 EL Hoisin-Sauce
1 EL Reiswein

Für 2 Personen | 25 Min. Zubereitung
Pro Portion ca. 410 kcal, 31 g EW, 24 g F, 13 g KH

1 Hähnchenfleisch 2 cm groß würfeln. Paprikaschote waschen, putzen und würfeln. Frühlingszwiebeln waschen, putzen und in 3 cm lange Stücke schneiden. Champignons putzen und halbieren. Ingwer schälen und mit den Chilischoten hacken.

2 Das Öl im Wok erhitzen. Darin die Cashewnüsse unter Rühren goldbraun rösten, herausnehmen und auf Küchenpapier abtropfen lassen.

3 Das Öl bis auf ca. 3 EL abgießen, heiß werden lassen. Fleisch darin 2–3 Min. anbraten, herausnehmen, salzen und pfeffern. Paprika, Zwiebeln, Champignons, Chili und Ingwer bei großer Hitze unter Rühren 2 Min. braten. Bohnenpaste und Hoisin-Sauce zugeben und alles 2 Min. weiterrühren. Reiswein und Fleisch zugeben, 1 Min. weiterrühren. Vor dem Servieren Cashewnüsse unterrühren.

leicht & frisch

Limetten-Pute

180 g Putenschnitzel
1 unbehandelte Limette
1 Stängel Zitronengras
½ Bund Koriandergrün
1 Stück frischer Ingwer (ca. ½ cm)
1 Knoblauchzehe | Pfeffer
150 g Pakchoi
150 g Austernpilze
2 EL Öl
3 EL Fischsauce
2 EL Ketjap manis
6 EL Hühnerbrühe

Für 2 Personen | 35 Min. Zubereitung
Pro Portion ca. 270 kcal, 26 g EW, 13 g F, 12 g KH

1 Fleisch in Streifen schneiden. Limette heiß waschen, trocknen, Schale abreiben, Saft auspressen. Den unteren Teil des Zitronengrases längs vierteln und fein hacken. Koriandergrün waschen, trocknen und hacken. Ingwer und Knoblauch schälen und hacken, mit Limettenschale, 1 EL Saft, Zitronengras, der Hälfte des Koriandergrüns und dem Fleisch mischen. Alles kräftig pfeffern und 15 Min. zugedeckt kühl stellen. Inzwischen Pakchoi waschen, Pilze abreiben, beides in breite Streifen schneiden.

2 Erst den Wok, dann das Öl erhitzen. Fleisch mit der Marinade in 2–3 Min. hellbraun anbraten, herausnehmen. Pilze ins verbliebene Öl geben und 2 Min. unter Rühren braten. Pakchoi zugeben, 1 Min. weiterrühren. Fischsauce und Ketjap manis, Brühe und 2 EL Limettensaft zugeben. Fleisch unterrühren und alles in 2–3 Min fertig garen. Kräftig mit Pfeffer würzen und mit Koriandergrün bestreuen.

oben: Huhn mit Cashewnüssen | unten: Limetten-Pute

mild & edel

Ente mit Mie-Nudeln

150 g Mie-Nudeln
1 kleines Entenbrustfilet (ca. 200 g)
1 Knoblauchzehe
3 EL Sojasauce | 2 EL Reiswein
½ TL Sambal oelek
1 Stück frischer Ingwer (ca. 2 cm)
1½ EL Austernsauce
6 EL Hühnerbrühe
150 g grüner Spargel
2 kleine Möhren
2 EL Sesamsamen | 3 EL Öl

Für 2 Personen
40 Min. Zubereitung | 1 Std. Marinieren
Pro Portion ca. 795 kcal, 5 g EW, 45 g F, 11 g KH

1 Nudeln nach Packungsanweisung garen, abgießen und abtropfen lassen. Entenbrust in schmale Scheiben schneiden. Knoblauch schälen, hacken, mit Sojasauce, Reiswein und Sambal oelek verrühren. Fleisch mit der Hälfte davon 1 Std. marinieren.

2 Ingwer schälen und hacken, mit Austernsauce, Brühe und der übrigen Marinade verrühren. Spargel waschen, holzige Enden abschneiden. Spargel schräg in 4 cm lange Stücke schneiden. Möhren schälen und schräg in dünne Scheiben schneiden.

3 Wok erhitzen. Sesam darin rösten, bis er duftet, herausnehmen. Öl im Wok erhitzen. Darin das Fleisch 2–3 Min. anbraten, herausnehmen. Spargel im heißen Öl 3 Min. braten, Möhren weitere 2 Min. unter Rühren mitbraten. Würzsauce dazugießen. Alles 4–5 Min. weiterbraten. Nudeln und Fleisch zugeben und 1 Min. rührbraten. Mit Sesamsamen bestreuen.

feinwürzig

Koriander-Pflaumen-Ente

1 Entenbrustfilet (ca. 300 g)
1 Stück frischer Ingwer (ca. 1 cm)
½ TL gemahlener Koriander
3 EL helle Sojasauce
Pfeffer, grob gemahlen
1 rote Chilischote
100 ml Hühnerbrühe
250 g Pflaumen
2 EL Öl
2 EL Honig

Für 2 Personen
30 Min. Zubereitung | 2 Std. Marinieren
Pro Portion ca. 590 kcal, 2 g EW, 43 g F, 25 g KH

1 Das Fleisch trockentupfen, die Haut gitterförmig einschneiden. Ingwer schälen, hacken und mit dem Koriander, der Sojasauce und reichlich Pfeffer mischen. Die Entenbrust darin wenden und für 2 Std. zugedeckt kühl stellen.

2 Chilischote halbieren, Samen entfernen. Chili hacken und mit der Brühe verrühren. Die Pflaumen waschen und achteln, dabei den Kern entfernen.

3 Das Fleisch aus der Marinade nehmen und trockentupfen. Erst den Wok, dann das Öl erhitzen. Das Fleisch darin mit der Hautseite 8–10 Min. bei mittlerer Hitze braten, wenden und ca. 6 weitere Min. braten. Herausnehmen und in Alufolie wickeln.

4 Das Bratfett bis auf einen kleinen Rest abgießen, darin die Pflaumen und den Honig 1 Min. erhitzen. Brühe und Marinade dazugießen und in 3–5 Min. einkochen lassen. Ente in Scheiben schneiden, mit den Pflaumen anrichten und mit Sauce übergießen.

links: Ente mit Mie-Nudeln | rechts: Koriander-Pflaumen-Ente

瑞兆

Klassiker aus China

Rindfleisch Chow Mein

»Chow Mein« – gebratene Nudeln – sind in China eine beliebte Art der Resteverwertung. In unterschiedlichsten Variationen findet man sie heute in den Straßengarküchen fast ganz Südostasiens.

150 g Rindfleisch (Steak oder Filet)
½ TL Speisestärke
2 EL Reiswein
3 TL geröstetes Sesamöl
2 getrocknete Shiitake-Pilze
100 g Mie-Nudeln
1 rote Paprikaschote
60 g Zuckerschoten
2 Frühlingszwiebeln
3 EL Öl
½ TL brauner Zucker
3 EL Sojasauce
3–5 EL Rinderbrühe
100 g Mungbohnensprossen

Für 2 Personen
30 Min. Zubereitung | 1 Std. Marinieren
Pro Portion ca. 530 kcal, 28 g EW, 22 g F, 30 g KH

1 Das Fleisch in schmale Streifen schneiden. Mit Speisestärke, 1 EL Reiswein und 1 TL Sesamöl mischen und zugedeckt 1 Std. kühl stellen. Pilze mit heißem Wasser überbrühen und einweichen lassen.

2 Inzwischen die Nudeln nach Packungsangabe garen, in ein Sieb abgießen, abtropfen lassen und mit 1 TL Sesamöl mischen.

3 Paprikaschote putzen, waschen und in feine Streifen schneiden. Zuckerschoten waschen und putzen. Frühlingszwiebeln waschen, den unteren Teil in 2 cm lange Stücke schneiden, das Grün in feine Ringe schneiden und beiseite stellen. Pilze aus dem Wasser nehmen und in schmale Streifen schneiden.

4 Den Wok erhitzen, dann 2 EL Öl darin heiß werden lassen. Das Fleisch darin anbraten, Paprika, Zuckerschoten, Zwiebelstücke und Pilze zugeben, 1 Min. unter Rühren braten, dann Zucker, übrigen Reiswein, 2 EL Sojasauce und Brühe zugeben. Alles 2 Min. braten, Sprossen 1 weitere Min. mitbraten. Aus dem Wok nehmen und warm stellen.

5 Das übrige Öl im Wok erhitzen, darin die Nudeln 2–3 Min. mit der übrigen Sojasauce braten. Die Nudeln auf einen Teller geben, Fleisch und Gemüse darauf geben, mit Zwiebelringen bestreuen und das übrige Sesamöl darüber träufeln.

VARIANTE: TANG MEIN

Fast noch beliebter als Chow Mein ist in China Tang Mein: Nudelsuppe. Dazu die in Wasser vorgegarten, abgetropften Nudeln einfach in ca. 800 ml heiße Rinderbrühe oder Asiafond geben, Fleisch und Gemüse wie angegeben braten und auf die Suppe geben.

AUSTAUSCH-TIPPS

Genießen Sie nach Lust und Laune: Chow Mein lässt sich gut mit anderen Fleischsorten wie Schwein oder Huhn zubereiten. Probieren Sie die Nudeln auch mal mit Meeresfrüchten oder schnell garenden Gemüsen wie Pilzen, Lauch, Pakchoi oder Spinat.

ganz einfach leicht

Mild-saures Hähnchenfleisch

180 g Hähnchenbrustfilet
1 TL Speisestärke
6 getrocknete Mu-Err-Pilze
150 g Salatgurke
1 gelbe Paprikaschote
2 Frühlingszwiebeln
2 EL Ketjap manis
3 EL Reisessig
8 EL Hühnerbrühe
¼ TL Sambal oelek
2 EL Öl
Salz | Pfeffer

Für 2 Personen | 30 Min. Zubereitung
Pro Portion ca. 150 kcal, 24 g EW, 2 g F, 7 g KH

1 Das Hähnchenfleisch in Streifen schneiden und mit ½ TL Stärke mischen. Die Pilze mit heißem Wasser übergießen und 30 Min. quellen lassen. Abgießen, gut waschen und in Streifen schneiden.

2 Die Gurke waschen, halbieren und in ½ cm breite Scheiben schneiden. Paprikaschote putzen, waschen und in Streifen schneiden. Frühlingszwiebeln waschen, putzen und in 2 cm lange Stücke schneiden. Ketjap manis und Essig mit übriger Stärke verrühren, Brühe und Sambal oelek unterrühren.

3 Erst den Wok, dann das Öl erhitzen. Darin das Fleisch ca. 2 Min. anbraten, herausnehmen, salzen und pfeffern. Das Gemüse in den Wok geben und 2 Min. braten. Würzbrühe und Fleisch zugeben und alles 3–4 Min. kochen lassen.

mild-würzig

Rindfleisch mit buntem Gemüse

160 g Rinderfilet
1 rote Paprikaschote
100 g Mini-Maiskölbchen
100 g Shiitake-Pilze
1 Knoblauchzehe
1 Stück frischer Ingwer (ca. 2 cm)
2 EL Öl
2 EL Reiswein
1½ EL Sojasauce
100 ml Rinderbrühe
1 EL Chili-Bohnen-Paste (s. Tipp)

Für 2 Personen | 30 Min. Zubereitung
Pro Portion ca. 400 kcal, 25 g EW, 12 g F, 50 g KH

1 Rindfleisch in feine Streifen schneiden. Paprika waschen, putzen und in Streifen schneiden. Mais waschen und schräg halbieren. Pilze abreiben, Stiele entfernen, Pilze in Streifen schneiden. Knoblauch und Ingwer schälen und hacken.

2 Erst den Wok, dann das Öl erhitzen. Darin das Fleisch anbraten, mit 1 EL Reiswein und 1 EL Sojasauce ablöschen. Gemüse, Ingwer und Knoblauch zugeben und unter Rühren 2 Min. braten. Brühe zugeben und 2–3 Min. köcheln lassen. Bohnenpaste, restliche Sojasauce und Reiswein unterrühren, 1 Min. weiterrühren. Heiß mit Reis servieren.

AUSTAUSCH-TIPP

Nur einfache Bohnenpaste im Vorrat? Kein Problem: Einfach etwas Sambal oelek oder Chilisauce unterrühren – so viel, wie Sie an Schärfe wünschen.

links: Mild-saures Hähnchenfleisch | rechts: Rindfleisch mit buntem Gemüse

frisch & leicht

Kräuterfleisch mit Glasnudeln

100 g Glasnudeln
180 g Schweineschnitzel
40 g geröstete, gesalzene Erdnüsse
2 Schalotten
1 Stück frischer Ingwer (ca. 2 cm)
2 Knoblauchzehen
5 Kaffir-Limettenblätter
1 Minigurke
je ½ Bund Koriandergrün, Thaibasilikum und asiatische Minze
2 EL Öl | 1 TL Sambal oelek
2 EL Fischsauce | 3 EL Sojasauce

Für 2 Personen | 20 Min. Zubereitung
Pro Portion ca. 465 kcal, 28 g EW, 22 g F, 32 g KH

1 Nudeln nach Packungsangabe in Wasser einweichen, abgießen und mit einer Schere kürzer schneiden. Fleisch fein schnetzeln. Erdnüsse grob hacken.

2 Schalotten, Ingwer und Knoblauch schälen und hacken. Limettenblätter waschen und fein hacken. Die Gurke waschen, längs halbieren und in dünne Scheiben schneiden. Kräuter waschen, trockenschütteln, Blättchen abzupfen und grob hacken.

3 Erst den Wok, dann das Öl erhitzen. Darin das Fleisch mit Zwiebeln, Knoblauch und Ingwer 2 Min. braten. Limettenblätter, Sambal oelek, je 1 EL Fisch- und Sojasauce zugeben und 2 Min. weiterbraten. Nudeln, Gurke, restliche Fisch- und Sojasauce zugeben und 1–2 Min. weiter rührbraten. Kräuter untermischen. Mit Erdnüssen bestreuen. Wer will, schmeckt alles zusätzlich mit Limettensaft ab.

für Nudeln-mit-Sauce-Fans

Schweinefleisch mit Udon-Nudeln

200 g frische Udon-Nudeln
150 g Schweineschnitzel
3 EL Sojasauce
3 EL Mirin (süßer Reiswein)
Pfeffer
200 g Spinat
150 g Lauch
1 EL Chili-Bohnen-Paste (s. Tipp Seite 50)
1 EL Hoisin-Sauce
1 EL Tomatenketchup
2 EL Öl

Für 2 Personen | 25 Min. Zubereitung
Pro Portion ca. 450 kcal, 22 g EW, 10 g F, 12 g KH

1 Die Nudeln mit heißem Wasser übergießen, kurz ziehen lassen, in ein Sieb abgießen und abtropfen lassen. Das Fleisch in feine Streifen schneiden, mit je 1 EL Sojasauce und Mirin mischen, pfeffern. Spinat waschen und putzen, Lauchstange längs halbieren, waschen und in 5 cm lange Stücke schneiden. Übrige Sojasauce und restlichen Mirin mit Chili-Bohnen-Paste, Hoisin-Sauce, Ketchup und 5 EL Wasser mischen.

2 Erst den Wok, dann das Öl erhitzen. Darin das Fleisch in 2–3 Min. anbraten, herausnehmen. Im verbliebenen Öl den Lauch 2–3 Min. unter Rühren braten, Spinat, Fleisch, Nudeln und die Würzmischung zugeben und bei mittlerer Hitze rühren, bis der Spinat zusammengefallen ist. Wer will, schmeckt alles zusätzlich mit Limettensaft ab. Heiß servieren.

oben: Kräuterfleisch mit Glasnudeln | unten: Schweinefleisch mit Udon-Nudeln

macht schnell was her

Lamm mit Bohnen und Brokkoli

180 g Lammfleisch (am besten Filet)
1 Knoblauchzehe
3 EL helle Sojasauce
1 große Zwiebel
200 g grüne Bohnen
250 g Brokkoli
2 Saftorangen | ½ TL Speisestärke
½–1 TL Sichuanpfeffer
1 getrocknete Chilischote | 3 EL Öl
100 ml Rindfleischbrühe | Salz

Für 2 Personen | 20 Min. Zubereitung
Pro Portion ca. 430 kcal, 24 g EW, 29 g F, 18 g KH

1 Fleisch in feine Streifen schneiden. Knoblauch schälen und hacken. Die Hälfte davon mit 1 EL Sojasauce verrühren und mit dem Fleisch mischen.

2 Zwiebel schälen und längs achteln. Bohnen und Brokkoli waschen und putzen. Bohnen halbieren, Brokkoli in Röschen teilen. Den Saft der Orangen auspressen und mit der Stärke verrühren. Sichuanpfeffer grob zerstoßen, Chilischote hacken.

3 Erst den Wok, dann 2 EL Öl darin erhitzen. Fleisch darin in 2–3 Min. anbraten, herausnehmen. Übriges Öl im Wok erhitzen, übrigen Knoblauch, Zwiebeln und Bohnen hineingeben und unter Rühren ca. 3 Min. braten. Brokkoli, Sichuanpfeffer und Chili 1 weitere Min. mitbraten. Brühe und restliche Sojasauce zugießen und bei kleiner Hitze zugedeckt 10 Min. köcheln lassen. Orangensaft dazugießen und alles weitere 10 Min. köcheln lassen. Fleisch unterrühren und offen weitere 2 Min. garen. Evtl. mit Salz abschmecken und mit Reis servieren.

Spezialität aus Vietnam

Möhrenfleisch in Karamellsauce

200 g Schweineschnitzel
1 Knoblauchzehe
2 EL Fischsauce
300 g Möhren
2 EL Öl | Pfeffer
4 EL Zucker
2 EL Reisessig
2 EL Sojasauce
½ Bund Koriandergrün

Für 2 Personen | 30 Min. Zubereitung
Pro Portion ca. 325 kcal, 25 g EW, 12 g F, 29 g KH

1 Das Fleisch in schmale Streifen schneiden. Knoblauch schälen, hacken, mit dem Fleisch und 1 EL Fischsauce mischen. Möhren schälen und schräg in Scheiben schneiden.

2 Erst den Wok, dann 1 EL Öl darin erhitzen. Das Fleisch darin unter Rühren 2 Min. anbraten, mit übriger Fischsauce ablöschen und pfeffern, herausnehmen. Übriges Öl im Wok erhitzen. Darin die Möhren 3 Min. rührbraten, herausnehmen.

3 Zucker im Wok bei mittlerer Hitze schmelzen und goldgelb karamellisieren lassen. Vorsichtig 100 ml Wasser und den Essig dazugießen. Den Karamell unter Rühren auflösen und bei großer Hitze in ca. 6–8 Min. sirupartig einkochen lassen, Sojasauce unterrühren. Fleisch und Möhren wieder zugeben und weitere 2–3 Min. unter Rühren köcheln lassen. Koriander waschen, trocknen, die Blättchen fein hacken und über das Gericht streuen. Alles großzügig mit grobem Pfeffer übermahlen.

oben: Lamm mit Bohnen und Brokkoli | unten: Möhrenfleisch in Karamellsauce

indisch inspiriert | für besondere Anlässe

Kaschmir-Lamm mit Gewürz-Reis

Die ganze Gewürzvielfalt Indiens in einem Topf vereint – genießen Sie das herrliche Aroma!

250 g Lammfleisch (aus der Keule)
1 Stück frischer Ingwer (ca. 1 cm)
1 Knoblauchzehe
je ½ TL gemahlener Kreuzkümmel und Garam Masala
1 Prise Chilipulver
Pfeffer
150 g Reis
2 große Zwiebeln
3 EL Öl
3 Gewürznelken
1 Stange Zimt
4 grüne Kardamomkapseln
6–8 Fäden Safran
50 g Rosinen
Salz

Für 2 Personen
30 Min. Zubereitung | 3 Std. Marinieren
Pro Portion ca. 750 kcal, 29 g EW, 35 g F, 82 g KH

1 Das Lammfleisch in feine Streifen oder Würfel schneiden. Ingwer und Knoblauch schälen und fein hacken. Beides mit dem Fleisch, Kreuzkümmel, Garam Masala und Chilipulver mischen. Fleisch kräftig pfeffern und für 3 Std. zugedeckt kühl stellen.

2 Den Reis für 20 Min. in kaltem Wasser einweichen, dann in ein Sieb abgießen. Die Zwiebeln schälen, längs halbieren und in feine Streifen schneiden.

3 Erst den Wok, dann die Hälfte des Öls darin erhitzen. Darin das Fleisch unter Rühren anbraten, herausnehmen. Übriges Öl in den Wok geben und heiß werden lassen. Darin die Zwiebeln unter Rühren anbraten. Nelken, Zimt und angequetschte Kardamomkapseln in den Wok geben und solange mitbraten, bis die Zwiebeln dunkelbraun sind.

4 Reis, Fleisch, Safran, Rosinen und 300 ml Wasser zugeben, salzen und umrühren. Alles zugedeckt bei kleinster Hitze ca. 20 Min. köcheln lassen. Vor dem Servieren nochmals gut durchrühren und die ganzen Gewürze herausfischen.

TIPP: GEMÜSEPLUS

Wer will, gart zusätzlich noch 2 klein gewürfelte Möhren und 100 g TK-Erbsen mit. Geben Sie sie einfach mit dem Reis in den Wok.

UND DAZU?

Als feine Ergänzung zum aromatisch würzigen Reis eignet sich indische Raita, kühlender Joghurt mit Gemüse und Kräutern. Zum Lammfleisch passt besonders gut eine Gurken-Minz-Raita:
Ca. 80 g Gurke schälen und ganz fein würfeln oder auf der Gemüsereibe grob raffeln. 3 Zweige Minze waschen, trocknen und die Blättchen hacken. Die Minze mit 150 g Joghurt mischen und mit Salz, etwas edelsüßem Paprikapulver und gemahlenem Kreuzkümmel mischen. Wer will, kann statt gemahlenem Kreuzkümmel auch 1 EL Öl im Wok erhitzen und darin ½ TL Kreuzkümmelsamen braten, bis er zu knistern beginnt. Dann sofort mit dem Öl unter die Raita rühren.

Daikon

Der aus Japan stammende weiße Daikon-Rettich wird in Asien häufig wie ein Gemüse gekocht. Er ähnelt dem hierzulande erhältlichen weißen Rettich. Den können Sie auch stattdessen problemlos für ein Wokgericht nehmen.

Fünf-Gewürze-Pulver

Die Mischung aus gemahlenem Sichuan-Pfeffer, Fenchelsamen, Sternanis, Zimt und Nelken ist mildsüßlich und erinnert an Lebkuchengewürz. Das Pulver eher sparsam und gegen Ende zugeben. Es schmeckt sehr intensiv und entfaltet beim Garen zusätzliches Aroma.

Nashi

Garnelenpaste

Die Paste aus getrockneten, gemahlenen Garnelen riecht penetrant. Sie bekommen sie im Asienladen auch unter dem thailändischen Namen Kapi und dem indonesischen Namen Trassi oder Terasi. Sie wird als Zutat für Currypasten oder als Würze gebraucht. Wer keine Garnelenpaste zur Hand hat, aromatisiert das Wokgericht stattdessen mit etwas Sardellenpaste oder gehackten Sardellen.

Kokosmilch

Am besten kaufen Sie ungesüßte, flüssige Kokosmilch in Dose oder Tetrapak. Vor dem Gebrauch immer gut schütteln, da sich die fette Creme oben absetzt. So genannte »creamed coconut« – zu Blöcken gepresstes Konzentrat – muss vor Gebrauch mit Wasser angerührt werden.

Nashi

Aus Japan und heute vor allem aus China kommt die sandfarbene, apfelförmige Nashi-Birne. Auch ihr Fleisch erinnert eher an einen Apfel. Im Gegensatz zu europäischen Birnen wird es nicht weich, sondern bleibt hart und druckfest, selbst wenn es reif ist. Keine weichen Birnen kaufen, sie sind überreif! Zum Verzehr Nashi einfach schälen und Kerngehäuse entfernen.

Nudeln

Asiatische Nudeln gibt es in Hülle und Fülle. Am bekanntesten sind die krausen, zu Platten geformten chinesischen **Weizen-Mie-Nudeln.** Wie auch andere asiatische Weizennudeln sind sie vorgegart. Deshalb müssen sie meist nur kurz gekocht oder mit heißem Wasser übergossen werden.
Glasnudeln aus Sojabohnenmehl sind drahtdünn und weiß. Sie werden glasig, wenn sie mit heißem Wasser übergossen werden, und sind dann sofort verwendbar.
Reisnudeln dagegen sind weißlichglasig und werden durch kurzes Garen weiß.
Japanische **Sobanudeln** aus Buchweizen haben einen fein nussigen Geschmack und müssen kurz vorgekocht werden. Die dicken weißen **Udon-Nudeln** gibt's frisch verschweißt in Asienläden und Supermärkten. Sie müssen nur ganz kurz kochen.

Pilze

In China werden gerne getrocknete Pilze verwendet. Die schwarzen gekräuselten **Mu-Err-Pilze** heißen auch chinesische Morcheln, Baumpilze, Wolkenohren oder Black fungus. Weichen Sie sie mindestens 10 Min. in heißem Wasser ein. Danach den knorpeligen Wurzelansatz herausschneiden und Pilze nochmals waschen. Mu-Err haben wenig Eigengeschmack und sind aufgrund ihrer besonderen Konsistenz eher ein sensorisches Ereignis auf der Zunge.

Sichuanpfeffer

Shiitake-Pilze (Tongu-Pilze) dagegen zeichnen sich durch intensives Pilzaroma aus, das getrocknet noch stärker wird. Entfernen Sie die harten Stiele sowohl bei frischen als auch getrockneten Pilzen.

Sesamöl, geröstetes

Im Gegensatz zu normalem Sesamöl schmeckt das Würzöl aus gerösteten Samen sehr intensiv: Nehmen Sie es zum Aromatisieren von Marinaden oder träufeln Sie es in kleiner Menge über fertige Speisen. Zum Braten bei hohen Temperaturen ist es nicht geeignet. Wer kein geröstetes Sesamöl zur Hand hat, streut Sesamsamen über das Gericht.

Sichuanpfeffer

Streng genommen handelt es sich bei den Früchten des Gelbholzbaumes gar nicht um Pfeffer. Die aufgeplatzten Fruchtschoten mit dunklem Korn schmecken auch nicht scharf, sondern pfeffrig aromatisch, leicht an Orange erinnernd. Rösten Sie die Schoten im Wok ohne Öl, bis sie duften. So entfaltet sich ihr Aroma besonders gut. Dann abkühlen lassen und im Mörser zerstoßen. Wer Sichuanpfeffer im Supermarkt nicht findet: nach Szechuanpfeffer oder Sansho fragen. Denn auch unter diesen Namen werden die aromatischen Schoten angeboten.

Tahin

Die Paste aus zerriebenen Sesamsamen, die auch Tahini heißt, ist eine beliebte Zutat in der orientalischen Küche. Sie finden sie gut in türkischen Lebensmittelgeschäften oder im Bioladen. Tahin entspricht den in Japan erhältlichen Sesampasten und zeichnet sich durch eine feine nussige Würze aus.

Tempeh

In Bioläden ist dieses ursprünglich aus Indonesien stammende Sojaprodukt leicht zu finden. Tempeh besteht aus gekochten Sojabohnen, die zu Blöcken gepresst mit einem Pilz versetzt werden und anschließend reifen. Dadurch hat Tempeh einen leicht säuerlichen Geschmack. Den verliert er aber, wenn er vollständig durchgebraten ist. Toll für Vegetarier: Tempeh besteht zu 50 % aus Eiweiß.

Tofu

Bekannter als Tempeh ist der zu Blöcken gepresste Sojabohnenquark Tofu. Sie bekommen ihn im Asienladen, Reformhaus oder Biomarkt, mal fester, mal weicher, gesalzen oder ungesalzen. Ist Tofu einmal angebrochen, lässt er sich – mit Wasser bedeckt – noch einige Tage im Kühlschrank aufbewahren. Das Wasser täglich wechseln!

Tempeh

Zum Gebrauch
Damit Sie Rezepte mit bestimmten Zutaten noch schneller finden können, stehen in diesem Register zusätzlich auch beliebte Zutaten wie **Garnelen** oder **Gurken** – ebenfalls alphabetisch geordnet und **hervorgehoben** – über den entsprechenden Rezepten.

Unsere Garantie

Alle Informationen in diesem Ratgeber sind sorgfältig und gewissenhaft geprüft. Sollte dennoch einmal ein Fehler enthalten sein, schicken Sie uns das Buch mit dem entsprechenden Hinweis an unseren Leserservice zurück. Wir tauschen Ihnen den GU-Ratgeber gegen einen anderen zum gleichen oder ähnlichen Thema um.

Liebe Leserin und lieber Leser,

wir freuen uns, dass Sie sich für ein GU-Buch entschieden haben. Mit Ihrem Kauf setzen Sie auf die Qualität, Kompetenz und Aktualität unserer Ratgeber. Dafür sagen wir Danke! Wir wollen als führender Ratgeberverlag noch besser werden. Daher ist uns Ihre Meinung wichtig. Bitte senden Sie uns Ihre Anregungen, Ihre Kritik oder Ihr Lob zu unseren Büchern.
Haben Sie Fragen oder benötigen Sie weiteren Rat zum Thema? Wir freuen uns auf Ihre Nachricht!

Wir sind für Sie da!
Montag–Donnerstag:
8.00–18.00 Uhr;
Freitag: 8.00–16.00 Uhr
Tel.: 08 00/7 23 73 33
Fax: 08 00/5 01 20 54
(kostenlose Servicenummern)
E-Mail:
leserservice@graefe-und-unzer.de

P.S.: Wollen Sie noch mehr Aktuelles von GU wissen, dann abonnieren Sie doch unseren kostenlosen GU-Online-Newsletter und/oder unsere kosten losen Kundenmagazine.

GRÄFE UND UNZER VERLAG
Leserservice
Postfach 86 03 13
81630 München

Projektleitung: Sigrid Burghard
Lektorat: Susanne Bodensteiner
Layout, Typografie und Umschlaggestaltung: independent Medien-Design, Horst Moser, München
Satz: Liebl Satz+Grafik, Emmering
Herstellung: Petra Roth
Reproduktion:
Penta Repro, München
Druck und Bindung: Firmengruppe APPL, aprinta druck, Wemding

ISBN 978-3-8338-0321-5
9. Auflage 2013

Umwelthinweis:

Dieses Buch ist auf PEFC-zertifiziertem Papier aus nachhaltiger Waldwirtschaft gedruckt. Um Rohstoffe zu sparen, haben wir auf Folienverpackung verzichtet.

www.facebook.com/gu.verlag

GRÄFE UND UNZER

Ein Unternehmen der
GANSKE VERLAGSGRUPPE

Die Autorin

Tanja Dusy, Kochbuch-Redakteurin und leidenschaftliche Köchin, liebt die asiatische Küche. Die Rezepte für dieses Buch kreierte sie nicht nur in ihrer Münchner Küche, sondern recherchierte vor Ort und brachte von ihren Reisen eine Menge an asiatischer Küchenphilosophie mit.

Der Fotograf

Jörn Rynio zählt zu seinen Auftraggebern internationale Zeitschriften, namhafte Buchverlage und Werbeagenturen. Mit einer großen Portion Kreativität und appetitanregendem Styling setzt der Hamburger Fotograf Food-Spezialitäten aus aller Welt stimmungsvoll in Szene. Tatkräftig unterstützt wird er dabei von seinen Stylistinnen Petra Speckmann (Food) und Michaela Suchy (Requisite).

Bildnachweis:

Titelfoto: Joerg Lehmann, Paris; Seite 4: Günter Vahlkampf, Berlin (oben u. unten); Hans Gerlach, München (Mitte); alle anderen: Jörn Rynio, Hamburg

Syndication:

www.jalag-syndication.de

Titelbildrezept:

Mango-Basilikum-Huhn von Seite 41

Danke!

Ein besonderes Dankeschön geht an die Firma Silit für die Bereitstellung der Woks und des Zubehörs in diesem Buch.

Appetit auf mehr?

ISBN 978-3-8338-0313-0

ISBN 978-3-8338-0304-8

ISBN 978-3-8338-0312-3

ISBN 978-3-8338-0299-7

ISBN 978-3-8338-0317-8

ISBN 978-3-8338-0308-6

e Auch als eBook erhältlich.

Mehr von GU auf www.gu.de und
facebook.com/gu.verlag

Willkommen im Leben.

Sojasaucen

Fischsaucen

Austernsauce

Bohnen-Pasten

Thai-Currypasten

Sambal oelek &
Sweet-Chili-Sauce

Reiswein

Reisessig

Garam Masala &
Panch Phoran